50
MANEIRAS
DE
FIDELIZAR
SEUS
CLIENTES
POR
TODA
A VIDA

Leonardo Nazareth

Edição Digital - Mood Books

mood
books

Capa
http://www.rhinnoad.com

SUMÁRIO

O PODER DE FIDELIZAR CLIENTES

A Disney é uma das empresas mais incríveis e encantadoras do mundo, sendo reconhecida como a empresa de entretenimento mais apreciada, reconhecida e admirada do planeta. O sucesso da Disney World está na sua capacidade de fazer que seus clientes sempre retornem. Segundo pesquisas, quase 70% de seus clientes já visitaram pelo menos 2 vezes os seus parques.

Todo esse encantamento se deve aos princípios e a cultura empreendedora da empresa que sempre a orienta ao sucesso. A Cultura de encantar os visitantes estão em todos os aspectos e nos pequenos detalhes, desde a forma com que o colaborador recepcionar um visitante, ou a maneira com que uma atendente fala ao telefone ou na tinta a base de ouro que se pinta o carrossel veneziano do parque ou até mesmo na persistência da equipe de manutenção de se pintar todos os dias, os postes de iluminação da Main Street do Magic Kingdom (Rua de acesso principal ao parque).

Para a Disney, o cliente não compram simplesmente produtos ou serviços, eles compram experiências, eles compram vivências. Pensando nisso, o objetivo da empresa passa a ser o encantamento total do cliente. A todo momento, a Disney não entrega somente o que foi contratado, ela entrega muito mais do que foi prometido.

01

CRIE UMA CULTURA VOLTADA PARA O ATENDIMENTO

Todas as pessoas em uma empresa devem ser orientadas para o atendimento aos clientes. Todos os funcionários, colaboradores diretos e indiretos devem entender que trabalham para o cliente, e seu trabalho é assegurar a satisfação total do mesmo.

TENHA UMA VISÃO DE ATENDIMENTO

Ter visão é vital para o sucesso dos serviços em qualquer organização. Ter visão é mais do que apenas filosofia dos negócios, ela deve ser a base da ética cultural corporativa. Todos devem acreditar e colocar em prática o aspecto visão para que sua empresa forneça excelente atendimento aos clientes e os mantenha por toda a vida. A gerência pode desenvolver o conceito, mas a equipe deve transforma-lo em realidade.

03

APOIO TOTAL

O verdadeiro sucesso vem de um total apoio organizacional. Pode ser que a alta gerência, é quem tome a decisão de ativar um programa de atendimento aos clientes, mas é a equipe de funcionários quem implementará o programa. Se essas pessoas não apoiarem a iniciativa, o programa não funcionará. O apoio total é extremamente necessário.

04

POLÍTICAS ESCRITAS

A fim de beneficiar tanto seus cliente como seus funcionários, coloque suas normas de serviços no papel. Dessa maneira, não haverá enganos ou desentendimentos.
Esteja consciente, de que seus funcionários deverão ter autonomia para administrar exceções às normas quando surgir a necessidade.

Lembre-se, normas são diretrizes, e devem ser flexíveis.

05

DELEGAÇÃO DE PODER

Dê a seus funcionários a autonomia para assumirem a responsabilidade de satisfazer e manter o cliente. Permita que tomem decisões imediatamente e as apoie.

Lembre-se, a tarefa deles é satisfazer os clientes e garantir que voltem sempre. Os funcionários não devem ter que procurá-lo ou a um gerente cada vez que um cliente precisar de algo fora do comum.

06

TREINAMENTO DE FUNCIONÁRIOS

Treine, treine e então retreine, a fim de manter seus empregados. Dê a eles treinamento no local de trabalho, fora do local de expediente, vídeos, livros, seminários, palestras, enfim tudo que puder ser útil na execução de suas tarefas.

Embora você possa encontrar pessoas qualificadas que acabaram de se formar, nada qualifica melhor uma pessoa para lidar com clientes do que o treinamento recebido no trabalho e em programas de aplicação prática.

FAZENDO O MARKETING DO PROGRAMA DE SERVIÇOS

Todo o seu esforço de marketing deve informar que você fornece atendimento superior a clientes, está interessado somente na total satisfação do cliente, e faz todo possível para manter seus clientes.
Essa mensagem deve ser mencionada em tudo que é enviado ao público e ao comércio em geral.

08

CONTRATE BONS
PROFISSIONAIS

Contrate profissionais competentes e bem qualificados.
Pessoas com habilidades inatas auxiliarão sua equipe a fornecer excelente atendimento aos clientes.

09

NÃO DEIXE QUE SEUS CLIENTES PAGUEM POR ATENDIMENTO

Pague todas as despesas relacionadas ao atendimento aos clientes, incluindo despesas de transporte de devoluções, telefonemas interurbanos, correios e outros itens normalmente cobrados dos clientes. Se você não pagar esses custos de atendimentos, a concorrência o fará e seus clientes se tornarão clientes da concorrência.

10

RECOMPENSE
LEALDADE

O que é premiado é sempre realizado. Se você premiar tanto os clientes quanto os funcionários pele lealdade deles, ambos permanecerão com você por muito tempo.
O prêmio deve ser de reconhecido valor por quem recebe, mas não deve custar a você um valor muito alto.

INSPECIONE SUA EXPECTATIVA

Aquilo que pode ser medido pode ser realizado. Avalie o desempenho dos membros de sua equipe e você observará um aumento nos níveis de desempenho, qualidade e produtividade.

Finalmente, você poderá notar um aumento na lucratividade.

12

ESTABELEÇA PADRÕES DE DESEMPENHO

Diga exatamente o que cada um deve fazer para fornecer excelentes serviços aos clientes.

Torne esses padrões tão objetivos e mensuráveis quanto possível, mesmo que você forneça um serviço intangível.

Quando as pessoas alcançarem esses níveis de desempenho, a permanência e a lealdade dos clientes virão naturalmente.

14

TREINAMENTO
CRUZADO

Treine seus funcionários nas tarefas de outras pessoas.

Eles se tornarão aptos a fornecer maior apoio aos clientes, assim como a outros funcionários, e você se tornará menos dependente de funcionários "insubstituíveis" quando não estiverem trabalhando.

13

EFETUE TROCAS DE TAREFAS

Faça com que seus funcionários trabalhem em diversos departamentos.

Eles irão valorizar o que outras pessoas fazem na empresa, e nenhum funcionário culpará o outro por um problema ocorrido com o cliente.

De fato, desde que os funcionários tenham experiência em diferentes áreas, estarão aptos a resolver mais problemas e a satisfazer mais clientes imediatamente.

SISTEMAS DE SERVIÇOS
DE FÁCIL ACESSO

Torne seu sistema de serviços a clientes de fácil acesso.

Faça com que eles localizem uma pessoa ao telefone tão logo a ligação seja atendida, ou facilite para que conversem com um funcionário que possa auxiliá-los tão logo cheguem às suas instalações.

Não dificulte aos clientes chegar até você. Eles podem tomar a decisão de não mais negociar com você.

16

SISTEMAS DE SERVIÇOS AMIGÁVEIS A CLIENTES

Torne o seu sistema de serviços a clientes de fácil utilização.

O cliente é a única razão da existência de sua empresa, não alguém que está no meio dos negócios.

Faça com que seus clientes sintam e saibam que podem trazer um problema até você, verbalizar uma reclamação, tê-la solucionada o mais rápido possível e receber excelente atenção durante todos os contatos com sua empresa.

PROJETE FLEXIBILIDADE NAS SUAS NORMAS DE SERVIÇOS

Mantenha suas normas flexíveis, porque cada cliente e cada situação são diferentes.

Seus funcionários devem saber que podem modificar uma norma para assegurar a total satisfação do cliente a qualquer momento, e você deve apoiar as decisões e ações deles em tais situações.

18

EDUQUE O CLIENTE

Não pressuponha que o cliente sabe o que você sabe. Utiliza cada contato com ele como uma chance de ensinar-lhe algo relacionado a seus negócios.

Mesmo que você o esteja educado a respeito de sua grande política de devolução, ensine-o.

Ele irá apreciar o fato e o demonstrará com a continuidade dos negócios com sua empresa.

19

ADMINISTRE AS RECLAMAÇÕES

Reconheça que o cliente está aborrecido, ouça cuidadosamente, assegure a ele que você está utilizando todos os meios disponíveis no momento para resolver o problema, e solucione a reclamação. Depois disso, quando ele agradecer os seus esforços, aproveite a oportunidade para incrementar a lealdade do cliente.

Agradeça por trazer o problema a você, desculpe-se novamente pelo desconforto, e tente vender alguma coisa a mais.

20

TRANSFORME RECLAMAÇÕES EM VENDAS ADICIONAIS

Ter visão é vital para o sucesso dos serviços em qualquer organização. Ter visão é mais do que apenas filosofia dos negócios.

Ela deve ser a base da ética cultural corporativa. Todos devem acreditar e colocar em prática o aspecto visão para que sua empresa forneça excelente atendimento a clientes e os mantenha por toda a vida.

A gerência pode desenvolver o conceito, mas a equipe deve transforma-lo em realidade.

21

TRANSFORME SEUS FUNCIONÁRIOS

Consertos, reparos e serviços gratuitos adicionais tem custo muito elevado.

Fazer de maneira perfeita na primeira vez garante alta lucratividade. Clientes mais felizes são clientes de longo prazo.

Se você tiver que refazer algo para um cliente, faça-o ainda com "mais perfeição" na segunda vez.

22

CADA CLIENTE TEM O VALOR DE UMA VIDA

Quando um cliente compra de você, aquela compra não é única, um preço único.

Considere o potencial que o cliente traz para seus negócios.

Quanto dinheiro aquele cliente poderia gastar com o seu negócio durante sua vida?

Aquele valor é o valor de uma vida de um cliente e aquele é o tipo e nível de serviço que ele deve receber a cada negócio que fizer com você.

23

"IMPLORE" AOS SEUS CLIENTES QUE PREENCHAM AS AVALIAÇÕES

Não é suficiente enviar pesquisas ou deixar diversos comentários na caixa registradora.

Você deve tentar obter o maior número possível de avaliações de clientes, mesmo que tenha que implorar por isso.

Se os clientes tiverem opinado e suas sugestões forem implementadas, eles só não continuarão a negociar com você, como também irão recomendá-lo a amigos.

Faça tudo que puder para solicitar a opinião e os comentários de seus clientes, e depois acione algumas de suas sugestões.

IDENTIFIQUE O VALOR DO CLIENTE, SUAS CRENÇAS E PADRÕES

Seu programa de serviços deve ser ajustado aos valores, crenças e padrões de seus clientes.

Se seus próprios valores e os seus clientes estiverem em conflito, convide seus clientes para uma discussão para descobrir por que a diferença existe e o que pode ser feito a respeito.

Então, decida se você deve modificar sua posição para manter a satisfação e a lealdade do cliente.

Entretanto, você nunca deve comprometer sua ética e seus valores para satisfazer um cliente.

25

SOLICITE E UTILIZE SUGESTÕES DE SEUS FUNCIONÁRIOS

Seus funcionários é quem tem contato diário com os clientes, eles sabem mais o que os clientes precisam, querem e esperam do que você ou qualquer outro gerente.

Faça perguntas a seus funcionários, ouça cuidadosamente suas sugestões, e implante tantas delas quanto possível.

As pesquisas indicam que as melhores empresas de serviços não somente solicitam mais sugestões de seus funcionários, como utilizam a maioria delas.

Isso faz com que seus funcionários sintam que são importantes nos processos da empresa.

26

SEJA JUSTO E CONSISTENTE

Nem sempre os clientes irão concordar ou gostar do que você faz por eles, mas desde que você trate cada um deles de maneira justa e consistente, o respeitarão por isso.

A consistência aumenta sua credibilidade e confiança que são essenciais para a estruturação da lealdade e a permanência de clientes.

27

EXTRAPOLANDO PROMESSAS E TEMPO DE EXPEDIÇÃO

As expectativas de clientes podem ser extrapoladas quando as empresas cumprem mais do que prometem e expedem antes do esperado. Normalmente, essas expectativas não podem ser alcançadas, e o cliente fica desapontado.

Mas se você estabelecer expectativa realistas com o cliente em relação a sua qualidade e ao nível de serviço e então exceder aquelas expectativas, o cliente fica mais do que satisfeito. Lembre-se, todavia, que você não deve fazer promessas aquém de suas possibilidades para não lesar seus clientes.

28

FAÇA CONCORRÊNCIA COM BASE EM BENEFÍCIOS, NÃO EM PRODUTOS OU PREÇOS

Sempre existe a possibilidade de se encontrar outro produto com um preço menor, a qualquer tempo, em outro local.

Você deve sempre recordar aos seus clientes os benefícios de realizar negócios com sua empresa.

Novas características podem ser encontradas em qualquer produto, mas os benefícios são únicos na negociação com sua empresa.

29

PENSAMENTOS ELEVADOS SÃO MAIS IMPORTANTES QUE A ALTA TECNOLOGIA

Alta tecnologia faz com que seus clientes exclamem "BOA"! Mas não faz com que se preocupem com outras pessoas.

Seus negócios demandam muito tato a fim de sobreviver.

Fique perto de seus clientes. Conheça-o bem.

Quanto mais perto estiver de seus clientes, por mais tempo eles farão negócios com você.

30

PERGUNTE AOS CLIENTES O QUE ELES DESEJAM

Pergunte constantemente aos seus clientes o que eles esperam de você, o que pode fazer por eles e de que maneira poderia fazer melhor.

Eles podem querer um novo produto ou serviço, maior tempo de atendimento ou apenas um pequeno detalhe que os faça felizes.

Você nunca saberá, a menos que os faça perguntas.

Depois de perguntar, você deve fornecer o que eles querem.

Eles irão recompensar sua generosidade e lealdade.

31

ADMNISTRAÇÃO
DIÁRIA DOS SERVIÇOS

Todos os funcionário, em todos os departamentos estão diretamente envolvido no fornecimento de serviços para atingir o objetivo final. Manter o cliente por toda a vida.

Faça todo o trabalho para facilitar o trabalho de todos, de maneira que seja fácil para cada um deles fornecer o que os clientes querem.

Se houver um problema durante o dia, faça os ajustes necessários e tome soluções rápidas.

32

TENHA EM MENTE OS CUSTOS DE PERDER UM CLIENTE

Todos os empregados devem saber o valor de vida de um cliente, o custo de perder apenas um, e o efeito que aquela perda tem para os seus negócios.

Considere recompensar seus empregados se eles mantiverem seus clientes por um longo período de tempo acima da média.

33

CONHEÇA SEUS CONCORRENTE

Que tipo de serviços a clientes seus concorrentes fornecem?

O que eles estão fazendo para manter os clientes?

Eles estão oferecendo mais benefícios, melhores políticas de serviços, ou estão apenas sendo mais amigáveis?

Descubra e, se eles estiverem fazendo algo que você não esteja, faça.

Se funciona para eles, provavelmente vai funcionar para você.

34

REALIZE PESQUISAS DE MERCADO

Você nunca tem informações suficientes sobre seus clientes. Realize prospecções, entrevistas, o que for necessário para saber quais as necessidades de mercado.
Então adapte seus negócios e acordo com as informações obtidas.
A informação não tem força até que você a utilize.

35

REALIZE PESQUISAS
INTERNAS

Avalie constantemente os níveis de serviços, a satisfazer e a permanência de clientes de sua empresa.

Entreviste seus funcionários, faça-os preencher questionários, pergunte aos seus clientes na hora da compra como você está se saindo, e depois utilize essas informações para melhorar seus serviços e o esforço na permanência dos clientes.

36

SAIBA O QUE SEUS CLIENTES PRECISAM, QUEREM E ESPERAM

Os negócios passam a ter problemas quando você pensa que sabe o que seus clientes necessitam, querem ou esperam uma coisa e, na verdade, eles requerem outra coisa.

Esses intervalos nas percepções de prestação de serviços resultam em desapontamento para os clientes.

Descubra os que eles realmente precisam, querem, e forneça a eles.

37

DESCUBRA, ESTIMULE E PONHA EM EVIDÊNCIA OS CAMPEÕES DE CLIENTES

Toda empresa tem um, dois ou mais funcionários que realmente são campeões de clientes.

Descubra quem são essas pessoas, dê-lhes estímulos e apoio, e faça delas o modelo a ser seguido por todos.

Recompense essa conduta.

O resto da sua equipe vai melhorar o desempenho de serviços até esse nível para receber recompensa similar.

O resultado é uma equipe altamente motivada, voltada para os serviços e um grupo de clientes leais e satisfeitos.

38

A COMUNICAÇÃO EFETIVA É FUNDAMENTAL PARA O SUCESSO

Problemas entre pessoas são resultados de uma comunicação deficiente.

Treine seu pessoal para que desenvolva habilidades de comunicação efetiva:

Como escutar, de que maneira falar para que outros escutem, como entender os outros antes de tentar ser entendido, como fornecer e receber avaliações, e como desenvolver entrosamento com clientes.

39

ENTROSAMENTO É A CHAVE DA COMUNICAÇÃO BEM SUCEDIDA

As técnicas de comunicação podem ser adquiridas e usadas, mas sem entrosamento não há comunicação.

As habilidades de desenvolver entrosamento podem ser ensinadas e seus funcionários devem aprendê-las.

Quando funcionários e clientes estão entrosados, existe um mútuo sentimento de confiança e o desejo de continuar a desenvolver o intercâmbio comercial.

40

SORRIA

Sorrir é importante no atendimento ao cliente. Um sorriso normalmente recebe outro em troca, mas sorrisos não garantem a qualidade dos serviços a clientes.

O sorriso pode ser algo que os funcionários manifestam por se sentirem bem, e é transmitido aos clientes.

FAÇA SEUS CLIENTES SE SENTIREM IMPORTANTES

Quanto mais importantes seus clientes se sentirem, melhor irão se sentir por fazer negócios com você.

Chame-os pelo nome, faça-os falar sobre si mesmo e faça perguntas sobre suas realizações.

Sua recompensa será um cliente por toda a vida.

42

PROMOVA
SEUS CLIENTES

Com a permissão dos próprios, é claro, utilize seus clientes no seu marketing e nas suas promoções.
Deixe-os contar sua história para outros clientes e para os prospectivos. O endosso de terceiros fomenta enorme credibilidade, e seus clientes adorarão este envolvimento.

43

CRIE UM CONSELHO DE CLIENTES

Seu conselho de clientes, assim como uma diretoria, deve reunir-se regularmente para inspecionar seus negócios e os serviços fornecidos.
O conselho faz sugestões e críticas com base nas qual você age.

44

FAÇA PROPAGANDA DE PROGRAMAS DE COMPRADORES ASSÍDUOS

Para estimular seus clientes a realizar negócios com você, inicie um programa de premiação para clientes frequentes. Você pode utilizar cupons, cartões ou algo que o ajude a dimensionar a atividade do cliente.

Quando as compras atingirem um certo nível, recompense seus clientes com um presente, um cupom de desconto, um produto ou serviço gratuito ou algo de valor mais elevado, como uma viagem.

45

ACEITE SOMENTE EXCELÊNCIA

Se você espera serviços e desempenhos médios, isto é o que você terá.

Por isso, estabeleça altas expectativas.

Aceite somente excelentes desempenhos de seus funcionários e treine sua equipe para atingi-lo.

Lembre-se: O suficientemente bom nunca será bom o suficiente.

46

FUNCIONÁRIOS TAMBÉM SÃO CLIENTES

Seus funcionários são seus clientes internos, sua primeira linha de clientes, e cada um deles tem um cliente em algum lugar da cadeia de valores.

Todos os funcionários devem interagir entre si com o mesmo nível de excelência dos serviços prestados a clientes, cujo resultado será repassado aos clientes.

Esta é a única maneira de garantir a satisfação do cliente e sua permanência nos negócios.

DEIXE QUE SEUS CLIENTES SAIBAM QUE VOCÊ SE PREOCUPA

Envie cartões de agradecimentos, de boas festas e tudo que possa mostrar a eles que você os aprecia.

Nunca os deixe esquecer o seu nome.

Mostre-lhes que sempre que necessitarem de algo, podem vir a você porque você se importa com isso.

Gaste tempo e dinheiro fazendo propaganda de sua atitude de atenção para com os clientes.

48

MANTENHA À VISTA OS RESULTADOS DE SERVIÇOS

A visibilidade aumenta a credibilidade, e a credibilidade só é melhorada através do melhor desempenho.

Coloque os cartões de comentários e cartas recebidas de maneira que todos os clientes possam ver.

Providencie um livro de depoimentos para os clientes lerem.

Coloque os resultados de desempenho de funcionários na recepção ou na sala de espera. Mantenha os resultados de serviços à vista de todos, a fim de que seus funcionários melhorem a cada instante e seus clientes sejam os benefícios dessa melhoria de serviços.

49

FAÇA AQUELE ALGO A MAIS

Quando os clientes querem algo de você, dê a eles.

Então, faça algo a mais.

Eles sentirão gratos e você terá clientes para sempre.

MARKETING E SERVIÇOS A CLIENTES CAMINHAM LADO A LADO

No atual mercado competitivo, a única coisa que diferencia as empresas, é o nível e a qualidade de seu atendimento a clientes, e este é o critério que a maioria das pessoas utiliza para decidir sobre a continuidade de compras num determinado estabelecimento.

O atendimento a clientes é uma poderosa e efetiva ferramenta de marketing, e marketing é uma ferramenta eficiente e poderosa de vendas.

Combinadas, essas duas ferramentas manterão seus clientes por toda a vida.

MUDANÇA DE CULTURA

Como a cultura é algo enraizado, mudá-la pode ser um processo bastante difícil, porém não impossível. É como se livrar de hábitos de vida que nos acompanham há muito tempo, em que o passo mais complicado está justamente em enxergar os erros e se abrir para as mudanças.

Para efetivar o processo de mudança, é necessário compreender que a cultura se mantém viva por meio de regras e regulamentos tangíveis e mitos e histórias intangíveis. Por isso, a sua alteração envolve conceitos humanos profundos.

Como você deve ter percebido, mudar a cultura empresarial é um procedimento que exige principalmente o comprometimento do capital humano da empresa. Quando é bem-sucedido, tem como resultado colaboradores que querem promover as mudanças e não que são obrigados a seguir determinados comportamentos e atitudes em detrimento daqueles que estavam acostumados, sem nem ao menos entender o porquê disso.

Na Disney, a todo momento, todos os 45mil colaboradores diretos e indiretos dos parques trabalham com um entusiasmo tão grande que é impressionante de se ver. Eles entendem que todos são responsáveis pelo sucesso da empresa e passam isso aos clientes.

MUDANÇA DE CULTURA

Esse entusiasmo está totalmente relacionado com a cultura da empresa. Cultura essa implantada no topo da pirâmide, de cima para baixo, com atitudes muitas vezes simples...

Por exemplo, na Disney não tem clientes, tem convidados. Na Disney não tem funcionários tem atores e atrizes.

Na Disney, eles não usam uniformes, eles usam fantasias. na Disney todos são chamados pelo primeiro nome ou por você, de uma forma simples e direta.

Na Disney os espaços onde os "clientes "estão são chamados de palco e as áreas restritas aos "colaboradores" são chamadas de bastidores. Na Disney, as telefonistas terminam uma ligação com a seguinte frase; "Tenha um dia mágico!".

Como parte dessa cultura, pelo menos uma vez ao ano, os executivos de alto escalão da empresa trabalham durante horas no parque atendendo aos "clientes", vestindo as próprias fantasias dos personagens e vivendo isso na prática.Nos escritórios, há personagens por todo o lado... Ou seja, na Disney, os "funcionários" vivem a cultura da empresa o tempo todo.

50

MANEIRAS DE FIDELIZAR SEUS CLIENTES POR TODA A VIDA

Leonardo Nazareth

mood
books

www.ingramcontent.com/pod-product-compliance
Lightning Source LLC
Chambersburg PA
CBHW021512210526
45463CB00002B/989